Lucas-Preis

2017

Über den Umgang mit Kränkungen

von

Joachim Gauck

Übersetzungen von
Jessica van 't Westeinde

Herausgegeben von
Michael Tilly

Mohr Siebeck

Joachim Gauck, geboren 1940; Politiker und evangelischer Theologe. Er war von 2012 bis 2017 der elfte Bundespräsident der Bundesrepublik Deutschland.

ISBN 978-3-16-155546-6 / eISBN 978-3-16-158205-9
DOI 10.1628/978-3-16-158205-9

Die Deutsche Nationalbibliothek verzeichnet diese Publikation in der Deutschen Nationalbibliographie; detaillierte bibliographische Daten sind im Internet über *http://dnb.dnb.de* abrufbar.

© 2019 Mohr Siebeck Tübingen. www.mohrsiebeck.com
Alle Rechte vorbehalten. All rights reserved.

Das Buch wurde von Computersatz Staiger in Rottenburg/N. aus der Bembo gesetzt, von Gulde Druck in Tübingen gedruckt und von der Buchbinderei Spinner in Ottersweier gebunden.

Printed in Germany.

Inhalt

Joachim Gauck
Über den Umgang mit Kränkungen/
On Dealing with Slight
Seite 6

Michael Tilly
Ansprache bei der Verleihung des
Dr. Leopold Lucas-Preises 2017/
Address at the Award Ceremony of the
2017 Dr. Leopold Lucas Prize
Seite 44

Anmerkungen/Notes
Seite 80

Die bisherigen Preisträger
Seite 83

On Dealing with Slight

by

Joachim Gauck

Über den Umgang mit Kränkungen

von

Joachim Gauck

Dear Rector, dear Dean, dear Honorary Senator Dr. Frank Lucas, dear Mr Vice President of the Federal Constitutional Court, dear Ladies and Gentlemen,

First and foremost: I am delighted for the honour bestowed on Mr. Dahan Fan and would like to extend my wholehearted congratulations to him on this wonderful achievement!

To accept the Leopold Lucas Prize today gives me double reason to express my gratitude. It is a pleasure and it is moving to learn that the Faculty of Protestant Theology of the Eberhard Karls University of Tübingen has bestowed this prize on me, particularly when one considers the line of great thinkers and politicians that have received this prize before me, such as Karl Popper, Karl Rahner, Paul Ricœur, Michael Walzer, the Dalai Lama, and Richard von Weizsäcker. Yet it is an even greater pleasure and much more moving when I think of the man who initiated this prize.

Franz D. Lucas was born in Silesian Glogau in 1921, and because he was Jewish, he fled the Nazis in 1938 for England, where he died in London in 1998. This Franz D. Lucas was of such great character, that

Sehr geehrter Herr Rektor, Magnifizenz, sehr geehrter Herr Dekan, Spektabilis, sehr geehrter Ehrensenator Dr. Frank Lucas, sehr geehrter Herr Vizepräsident des Bundesverfassungsgerichtes, sehr geehrte Damen und Herren,

zunächst: Ich freue mich über die Ehrung, die Dahan Fan zuteil geworden ist und gratuliere von Herzen!

Wenn ich heute den Leopold Lucas-Preis in Empfang nehme, ist das Anlass für einen Dank aus doppeltem Grund. Es freut und bewegt mich, dass mir die Evangelisch-Theologische Fakultät der Eberhard Karls Universität Tübingen diesen Preis zuerkannt hat – in einer Reihe mit so großen Denkern und Politikern wie Karl Popper, Karl Rahner, Paul Ricœur, Michael Walzer, dem Dalai Lama oder Richard von Weizsäcker, die diesen Preis vor mir erhielten. Es freut und bewegt mich aber umso mehr, weil ich auch an den Mann denken muss, der diesen Preis gestiftet hat.

Franz D. Lucas, geboren 1921 im schlesischen Glogau, als Jude 1938 geflohen vor den Nationalsozialisten, gestorben 1998 in London, dieser Franz D. Lucas hat die Größe besessen, im Lande derer, die für

he offered a grand and unique gesture to the country that was responsible for the uprooting and annihilation of his family. He endowed a prize in memory of his father, Rabbi Leopold Lucas, who had been leading the traditional Jewish community of Glogau for forty years, and had died in the concentration camp of Theresienstadt.

We can put it like this: the prize came forth out of generosity, but also from the deepest conviction that the memory of evil, of millionfold injustice and millions of cases of murder does not have to result in hate, rage, and final renunciation of the homeland. Therefore, I am most grateful for the wisdom of a man who could have hated, but instead sought to heal. And his work is continued until today by his son, Dr. Frank Lucas.

On the one hand, it is a mystery how the desire for reconciliation has spread in the hearts of the displaced and persecuted that survived. On the other hand, it is alarming how in our time again people are being hurt, insulted, marginalised, and even destroyed; despite the lessons that could have been learned from humanity's guilt-ridden and atrocious past. Therefore, I find myself today addressing a phenomenon that has accompanied for ages the stigmatisation of, assault on, and obliteration of others: the phenomenon of slight.

die Entwurzelung und Vernichtung seiner Familie verantwortlich waren, ein Zeichen ganz eigener Art zu setzen. Er hat einen Preis zum Andenken an seinen Vater gestiftet – an den Rabbiner Leopold Lucas, der 40 Jahre lang die traditionsreiche jüdische Gemeinde in Glogau leitete und 1943 im Konzentrationslager Theresienstadt umkam.

Wir können es so sagen: Geboren wurde der Preis aus Generosität, wohl auch aus der tiefen Einsicht, dass die Erinnerung an das Böse, an millionenfaches Unrecht und millionenfachen Mord nicht in Hass, Rache und endgültige Abkehr vom »Land der Väter« münden muss. So gilt mein tiefer Dank der Weisheit eines Menschen, der hätte hassen können und stattdessen heilen wollte. Und dessen Werk sein Sohn Dr. Frank Lucas bis heute fortsetzt.

Geheimnisvoll, in wie vielen Herzen der Vertriebenen und Verfolgten, die überlebt haben, sich Versöhnungsbereitschaft ausgebreitet hat. Aber erschreckend, wie trotz der Lehren, die die Menschheit aus schuldbeladener und grausamer Vergangenheit hätte ziehen können, Menschen auch in unserer Zeit wieder verletzt, beschimpft, ausgegrenzt oder gar vernichtet werden. Und so gestatte ich mir heute, mich einem Phänomen zu widmen, das die Stigmatisierung, die Bekämpfung oder gar das Auslöschen des Anderen seit langer Zeit begleitet hat: dem Phänomen der Kränkung.

My exposition can only be an approximation of this most complex theme. Nevertheless, I ask you to join me in exploring this topic, because the problem of slight has become of utmost importance today, as it seems to me – not only, as has always been, in a private sphere, but also in society and politics.

»It is difficult not to be insulted today,« read the headlines of a leading German weekly newspaper recently. I quote: »A storm of hurt feelings rages through the world. Either a real or imagined affront lurks around every corner.« Examples appear aplenty. Muslims feel humiliated by the West; Greeks, Polish, and other Europeans feel patronised by the Germans; former colonies feel abandoned by their former rulers; East Germans feel disadvantaged vis à vis West Germans; white Americans feel pressured by minorities or elites in their own country; men feel devaluated by emancipated women, etc. This list could be continued endlessly.

Not only politics and society find themselves confronted with increasingly complex themes in a globalised world. They are increasingly at odds coping with a situation that is of an exclusively subjective nature. This situation does not leave any room to objectify, nevertheless it can unleash an enormous power which at times is able to develop a downright disturbing dynamic.

Meine Überlegungen können nur eine Annäherung an dieses äußerst komplexe Thema sein. Dennoch möchte ich sie mit Ihnen teilen, weil mir Kränkungen gerade heute von außerordentlicher Bedeutung erscheinen – nicht nur, wie seit eh und je, im Privaten, sondern auch in Gesellschaft und Politik.

»Es fällt schwer, heute nicht beleidigt zu sein«, hieß es unlängst in einer großen deutschen Wochenzeitung. Ich zitiere: »Ein Sturm der Kränkungsgefühle tobt durch die Welt. Überall lauert ein tatsächlicher oder nur ein eingebildeter Affront.« Beispiele finden sich zuhauf. Muslime fühlen sich von der westlichen Welt gedemütigt; Griechen, Polen und andere Europäer von Deutschen gegängelt; ehemalige Kolonialstaaten von den einstigen Herren im Stich gelassen; Ostdeutsche gegenüber Westdeutschen benachteiligt; weiße Amerikaner von Minderheiten oder Eliten im eigenen Land unter Druck gesetzt; Männer von emanzipierten Frauen entwertet, usw. usw. Die Liste ließe sich beliebig fortsetzen.

Nicht nur, dass Politik und Gesellschaft in der globalisierten Welt vor zunehmend komplexen Sachthemen stehen. Sie kommen auch immer weniger umhin, einen Umstand zu berücksichtigen, der ausschließlich subjektiver Natur ist. Der sich mit keinem Maß objektivieren lässt, aber eine immense Kraft entfalten kann, die eine manchmal geradezu bestürzende Dynamik entwickelt.

Human history cannot be imagined without the presence of offences. William Shakespeare's Apemantus asked rhetorically: »Who lives that's not depraved or depraves?« Indeed: who lives who has not been offended or attacked numerous times, or who has not imagined that he was offended? Who lives, who has not *himself* offended or even attacked others numerous times – even if only in thought? From the beginning, offences clearly have been part and parcel of human existence.

Here, ladies and gentlemen of the Faculty of Theology, you must obviously think of the history of Cain and Abel – like I myself did, too. We already encounter this disturbing narrative in the fourth chapter of Genesis. The Lord »turned to Abel and to his offering, but to Cain and to his offering He did not turn, and it annoyed Cain exceedingly, and his countenance fell. … and it came to pass when they were in the field, that Cain rose up against Abel his brother and slew him.« Just a little earlier, in the beginning of the Bible, we encounter the dramatic nascence of the world out of chaos, then Adam and Eve in paradise, and immediately thereafter: Cain and Abel, murder and blood »that cries out to Me from the earth.« Cain becomes a displaced person. Cain and after him humanity should lead an everlasting existence »east of Eden«.

Kränkungen sind aus der Menschheitsgeschichte nicht wegzudenken. »Wer lebt, der nicht gekränkt ist oder kränkt?« hat William Shakespeare eher rhetorisch gefragt. In der Tat: Wer lebt, der nicht schon unzählige Male beleidigt oder attackiert worden wäre – oder es sich zumindest einbildete? Wer lebt, der nicht *seinerseits* unzählige Male andere beleidigt oder gar attackiert hätte – und sei es auch nur in Gedanken? Kränkungen gehören offenkundig unabdingbar und von Anfang an zum Menschsein.

Sie hier, meine Damen und Herren von der Theologischen Fakultät, denken natürlich, wie ich selber auch, sofort an die Geschichte von Kain und Abel. Diese verstörende Erzählung begegnet uns schon im 4. Kapitel der Genesis. Der Herr – so heißt es in der Sprache Luthers – »sah gnädig an Abel und sein Opfer, aber Kain und sein Opfer sah er nicht gnädig an. Da ergrimmte Kain sehr, und seine Gebärde verstellte sich. ... Und es begab sich, da sie auf dem Felde waren, erhob sich Kain wider seinen Bruder Abel und schlug ihn tot.« Eben noch, am Anfang der Bibel, der dramatische Beginn mit der Erschaffung der Welt aus dem Nichts, eben noch Adam und Eva im Paradies – und gleich danach: Kain und Abel, Mord und Blut, »das zum Himmel schreit«. Kain wurde ein Vertriebener, Kain und nach ihm die Menschheit sollten eine immerwährende Existenz »jenseits von Eden« führen.

Cain feels deprived. Why did God prefer his brother? Why did God love Abel more than him? Unable to inwardly bear this unequal treatment, Cain finds himself at the mercy of his wrath and his rage. Wrath and rage also fill the heart of Michael Kohlhaas, the simple horse trader who finds the State denying him the protection of the law, whilst it simultaneously enables the socially privileged Junker Wenzel von Tronka to avoid his just sentence. Hardly anyone other than Heinrich von Kleist has been able to put into scene so inexorably that slight, here, is a violation of the sense of justice.

However, slight has many faces. In essence it always remains the same: people find themselves harassed in their self-understanding and in their self-worth. They feel shamed, hurt, exposed, not enough acknowledged, not enough appreciated, not enough considered, not enough loved.

Slight is therefore always also an uncertainty of self-worth. The stitch, the disappointment when someone is passed over in a promotion. The rage when someone has to swallow that newspapers print caricatures of Mohammed, although they hurt his religious feelings. The excessive thirst for revenge, when someone with a narcissistic character like the North Korean dictator is denied reverence. Kim Jong-un had his defence minister executed in front

Kain fühlt sich gedemütigt. Warum hat Gott seinen Bruder bevorzugt? Warum hat Gott Abel mehr geliebt als ihn? Unfähig, diese Ungleichbehandlung innerlich auszuhalten, findet sich Kain seinem Grimm und seiner Wut ausgeliefert. Grimm und Wut füllen auch das Herz von Michael Kohlhaas, als der Staat ihm, dem einfachen Pferdehändler, den Schutz des Gesetzes versagt, dem klassenmäßig privilegierten Junker hingegen ermöglicht, sich seiner gerechten Strafe zu entziehen. Kaum jemand hat das so unerbittlich in Szene gesetzt wie Heinrich von Kleist: Kränkung ist hier Verletzung des Gerechtigkeitssinns.

Aber: Kränkung hat viele Gesichter. Im Kern jedoch ging und geht es immer um dasselbe: Darum, dass sich Menschen in ihrem Selbstverständnis und in ihrem Selbstwert angegriffen fühlen. Dass sie sich beschämt und verletzt finden, bloßgestellt, zu wenig anerkannt, zu wenig wertgeschätzt, zu wenig berücksichtigt, zu wenig geliebt.

Kränkung ist daher immer auch Verunsicherung des Selbstwertes. Der Stich, die Enttäuschung, wenn jemand bei der Beförderung übergangen wird. Die Wut, wenn jemand ertragen muss, dass Zeitungen Mohammed-Karikaturen drucken, obwohl sie sein religiöses Gefühl verletzen. Die maßlose Rachsucht, wenn einem narzisstischen Charakter wie dem nordkoreanischen Diktator die Ehrerbietung verweigert wird. Wegen »Untreue und Respektlosigkeit«

of hundreds of government officials because of »infidelity and disrespect«. According to psychiatrist and psychotherapist Reinhard Haller, slight is the decisive mechanism for brutality. He argues that all offenders, terrorists as well as madmen, »had been offended in some way or the other and then avenged themselves on the perfect world which failed to recognise their misery«.

Slight always arises in a vulnerable place. It reveals a defect. A feeling of inferiority. A shame that is not overcome. A defeat, that has not been forgotten. These injuries often simmer as scarred wounds in people and the soul of a people – they appear recovered, freed, healthy. Yet, they break up again under certain circumstances, even decades or centuries later. This gives slight a sense of something unfathomable, unpredictable, almost mythical.

Indeed, people often escape into the virtual world of myths, in fantastic rooms that offer protection against a reality that seems unbearable for them. Like the Serbs, who saw themselves in the role of eternal victims after the Ottomans had defeated them at the battle of Amselfeld in 1389. A proud, Christian nation, who sacrificed itself in the battle against the Muslims, and who were glorified in the following song:

ließ Kim Jong-un seinen Verteidigungsminister vor Hunderten von Regierungsvertretern hinrichten. Kränkung – sagt der Psychiater und Psychotherapeut Reinhard Haller, sei maßgebender Mechanismus für Brutalität. Alle Täter, Terroristen ebenso wie Amokläufer, so heißt es bei ihm, »waren in irgendeiner Weise gekränkt und haben sich an der heilen Welt gerächt, die ihr Elend nicht erkannt hat.«

Kränkung entsteht immer an einer verletzbaren Stelle. Sie offenbart einen Mangel. Ein Minderwertigkeitsgefühl. Eine Beschämung, die nicht überwunden ist. Eine Niederlage, die nicht vergessen ist. Manchmal ruhen diese Verletzungen in Menschen, aber auch in Volksseelen wie vernarbte Wunden – scheinbar abgeheilt, befriedet, gesundet. Und brechen dann doch wieder auf, unter Umständen noch nach Jahrzehnten oder sogar nach Jahrhunderten. Das kann Kränkungen etwas Unergründliches, Unberechenbares, nahezu Mythisches verleihen.

Tatsächlich flüchten sich Völker manchmal in die Ersatzwelt von Mythen, in Phantasie-Schutzräume gegenüber einer Realität, die ihnen unerträglich scheint. So wie die Serben, die sich in der Rolle der ewig Leidtragenden sahen, nachdem sie 1389 den Osmanen auf dem Amselfeld unterlagen. Eine stolze, christliche Nation, die sich im Kampf gegen die Muslime geopfert hatte – glorifiziert wie in diesem Lied:

Drink, Serbs, from God's glory
And fulfill the Christian commandment
And even when we have lost our kingdom
We should not lose our souls.

Even after 600 years, at the collapse of Yugoslavia, the Serbian president Slobodan Milošević was able to revive the defeat in order to propagate the Serbian right to dominance and vengeance.

Indeed, slight has many faces. Yet the *dealing* with slight also has many faces. Offences can push people into mourning and depression, whilst they can release creative energy in others, as well as invoke the will to give a positive answer to an impairment. One could think of artists who are faced with disapproval from their audience, yet because of that rejection they feel all the more motivated to develop their own style and their own special character. Offences could turn people into distinguished fighters against injustice and discrimination, although on the other hand offences can make entire nations break up into vendetta.

It is not only slight that is part of the human DNA. Obviously, the handling with slight is part of this, too. Revenge, vengeance, and revision are themes of the great works of world literature; to begin with Homer's *Iliad*, through the *Nibelungenlied*, until William Shakespeare's *Hamlet*, to name but a few. A look into the present and into recent history teaches us

Trinkt, Serben, von Gottes Ruhm
Und erfüllt das christliche Gesetz
Und selbst wenn wir unser Königreich verloren haben
So wollen wir doch unsere Seelen nicht verlieren.

Noch nach 600 Jahren konnte der serbische Präsident Slobodan Milošević die Niederlage wachrufen, um beim Zerfall Jugoslawiens das Recht der Serben auf Dominanz und Rache zu propagieren.

Ja, Kränkung hat viele Gesichter. Aber viele Gesichter hat auch der *Umgang* mit Kränkung. Kränkungen können Menschen in Trauer und Depression stoßen, sie können aber bei anderen kreative Energie freisetzen und den Willen zu einer positiven Antwort auf eine negative Beeinträchtigung. Denken wir nur an Künstler, die zunächst auf Ablehnung des Publikums stießen, sich dadurch aber umso mehr beflügelt sahen, ihren eigenen Stil, ihre besondere Prägung zu entwickeln. Kränkungen können aus Menschen entschiedene Kämpfer gegen Unrecht und Diskriminierung machen, wie sie andererseits aber auch ganze Völker zu Rachefeldzügen aufbrechen lassen.

Nicht nur die Kränkung gehört also zur DNA der Menschheit. Auch der Umgang mit ihr gehört offensichtlich dazu. Revanche, Rache, Revision sind die Themen großer Werke der Literatur, angefangen von Homers »Ilias«, über das Nibelungenlied bis zu William Shakespeares »Hamlet« – um nur einige zu nennen. Und ein Blick in Gegenwart und jüngere Ver-

that the destructive power of slight in connection with defeats is still to be feared.

Most Germans considered the Treaty of Versailles at the end of the First World War as a disgrace: the country had to give up one seventh of its territory, it had to give up its colonies, and pay high sums for war reparations. On top of that, the country was accounted sole responsibility for the war. Opinions differed as to *how* the peace of this so-called »*Order* of Versailles« was to be revised. Nevertheless, as the historian Heinrich August Winkler argues, »from the day that the treaty was signed, there was consensus in Germany, *that* it should be revised«.

The rest is history.

Let us look in the other direction: it was not a military defeat that caused Russia, or the Soviet Union, to shrink – as many have put it – from a great power to a regional power at the end of the twentieth century. However, it could be that this defeat based on its own failure was more detrimental to their self-consciousness than a military defeat. According to Putin, the end of the Soviet-era was the greatest geopolitical catastrophe of the twentieth century: in the course of a *de facto* decolonisation the patria (Fatherland) was shrunk; Diasporic Russians living in the lost republics are exposed to insults and discrimination. Add to

gangenheit lehrt uns, dass die destruktive Kraft von Kränkungen gerade in Zusammenhang mit Niederlagen weiter zu fürchten ist.

Die allermeisten Deutschen hielten die Friedensregelung von Versailles am Ende des Ersten Weltkriegs für einen »Schandvertrag«: Das Land büßte ein Siebtel seines Gebietes und seine Kolonien ein und hatte hohe Reparationen zu zahlen. Außerdem wurde ihm die »Alleinschuld« am Krieg zugesprochen. Zwar gingen die Meinungen darüber auseinander, *wie* der Frieden durch das sogenannte »Diktat von Versailles« zu revidieren sei. Aber – so urteilt der Historiker Heinrich August Winkler – »*dass* (er) revidiert werden musste, darüber bestand in Deutschland Konsens seit dem Tag, an dem der Vertrag unterzeichnet wurde.«

Der Fortgang der Geschichte ist bekannt.

Und blicken wir in eine andere Richtung: Es war zwar keine *militärische* Niederlage, die Russland beziehungsweise die Sowjetunion am Ende des 20. Jahrhunderts von einer Groß- zu einer Regionalmacht, wie es manche ausdrückten, schrumpfen ließ. Aber vielleicht war die Niederlage aus eigenem Versagen für das Selbstbewusstsein noch kränkender als eine militärische Niederlage. Für Putin jedenfalls bedeutet das Ende des Sowjetreiches erklärtermaßen die größte geopolitische Katastrophe des 20. Jahrhunderts: Das Vaterland im Zuge einer faktischen Dekolonisation geschrumpft; Russen, die als Diaspora

that the fall of a number of leading world powers and the threat of the democratic virus that is spreading in neighbouring countries like the Ukraine.

What put Putin in support of the vast majority of Russians can probably not only be accredited to a harmonisation of hurt feelings. It is more probable that it is thanks to his ability to transform these feelings of real or imagined humiliation offensively into a fight for the old imperial greatness. With Putin we witness the return of a highly problematic kind of self-consciousness and pride: the belief that Russia can regain its status as a super power. The experience that territorial revisions and renaissance greatness are seemingly possible, and that Russia is again respected or even feared.

We observe something similar happening in Turkey. The Turkish president Recep Tayyip Erdoğan is determined to compensate shrunken self-consciousness after the fall of the Ottoman Empire with a fantasy of a neo-Ottoman future. He denounces western-democratic-secular society with verbal attacks against the allegedly »rotten European continent«. He points at gigantic building projects and economic growth – although it stagnates – of the country as tokens of the efficiency of an autocratic model of society built on Islamic traditions of order.

in abgefallenen Republiken Schmähungen und Diskriminierungen ausgesetzt sind. Dazu der Absturz aus der Reihe der führenden Weltmächte und die Bedrohung durch den demokratischen Virus, der sich in Nachbarländern wie der Ukraine ausbreitet.

Was Putin die Unterstützung der übergroßen Mehrheit der Russen eintrug, dürfte nicht allein der Gleichklang der Kränkungsgefühle gewesen sein. Viel mehr noch seine Fähigkeit, tatsächliche oder gefühlte Demütigungen offensiv in einen Kampf für alte imperiale Größe zu verwandeln. Mit Putin kehrten auf eine hochproblematische Weise Selbstbewusstsein und Stolz zurück: Die Überzeugung, dass Russland wieder den Status einer Supermacht erringen könnte. Die Erfahrung, dass territoriale Revisionen und alt-neue Größe möglich scheinen und Russland wieder respektiert, ja wieder gefürchtet wird.

Ähnliches erleben wir augenblicklich in der Türkei. Auch der türkische Staatspräsident Recep Tayyip Erdoğan setzt darauf, geschrumpftes Selbstbewusstsein nach dem Untergang des Osmanischen Reiches mit Phantasien von einer neo-osmanischen Zukunft zu kompensieren. Mit Verbalattacken gegen den angeblich »verrotteten europäischen Kontinent« denunziert er die westlich-demokratisch-säkulare Gesellschaft. Mit Verweis auf gigantische Großbauprojekte und den – wenn auch ins Stocken geratenen – wirtschaftlichen Aufstieg des Landes preist er die Effi-

This attitude grants him popularity among many Turks – not only in Turkey, but also here in Germany. When some German Turks turn to Turkey, is this not only as a consequence of real or imagined discrimination in Germany. It appears to me even more fundamental that their identification with the »great Leader« offers them an immense increase of importance. As such, their feeling of a lack of acknowledgement that they may experience here on a daily base, transforms itself into a feeling of strength, even a feeling of superiority that places them above others.

The examples of Russia and Turkey show that the pain of offence can be superimposed by the identification with an ideal, at least temporarily. It appears that fantasies of omnipotence do not have a medium to long-term power to cover the underlying contradictions of a society; despite repressions people in Russia take to the streets again. Likewise in Turkey, where one finds an established culture of protest, people will stay on the streets. It does not require much fantasy to predict that these two countries will not come to rest without a self-critical handling of their own past and present. There is no future in such handling of slight.

zienz eines autokratischen Gesellschaftsmodells mit islamischen Ordnungstraditionen.

Das macht ihn für viele Türken so attraktiv – nicht nur in der Türkei, sondern auch bei uns. Wenn sich ein Teil der Deutschtürken der Türkei zuwendet, dürfte dies nicht nur die Folge von tatsächlicher oder imaginierter Diskriminierung in Deutschland sein. Wesentlicher noch scheint mir, dass ihnen die Identifizierung mit dem »großen Führer« einen immensen Bedeutungszuwachs verschafft. Das Gefühl mangelnder Anerkennung, das ihren Alltag hier prägen mag, wandelt sich dann in ein Gefühl der Stärke, ja der Überlegenheit, das sie gegenüber anderen erhöht.

Zumindest zeitweilig – das zeigen Russland und die Türkei – kann der Schmerz von Kränkung überlagert werden durch die Identifizierung mit einem Ideal. Mittel- und langfristig vermögen Allmachtsphantasien die darunterliegenden Widersprüche einer Gesellschaft allerdings nicht zu überdecken – trotz Repressionen gehen Menschen in Russland schon wieder auf die Straße. Und in der Türkei, wo es eine etablierte Protestkultur gibt, werden Menschen weiter auf der Straße bleiben. Es gehört keine große Phantasie dazu vorherzusagen, dass beide Länder ohne einen selbstkritischen Umgang mit der eigenen Vergangenheit und Gegenwart nicht zur Ruhe kommen werden. Zukunft entsteht aus einem derartigen Umgang mit Kränkungen nicht.

Even if it seems more a case of exception rather than rule: slight and defeat also offer a chance to learn – for individuals as well as for the collective. However, it required here in Germany the great shock of injustice, violence, and murder under the Nazi-dictatorship, for the Germans to break through the spiral of retribution. Although the country again had to give up a large part of its territory after the Second World War, and although a fifth of its inhabitants had lost their homes: no party arose who called for revenge after the Second World War. Out of fear for tendencies of revenge, the allies prohibited patriotic associations of refugees and displaced persons. Yet, the feared mass radicalisation did not materialise.

Although the loss of home, property, and ancestral traditions was painful, it became tolerable when anger, resentment, and aggressiveness were replaced by remembrance and mourning. In the renunciation of a violent revision of history I witness the great civil achievement of post-war German society, and I feel reassured in the assumption that slight can be edited and enclosed.

Aber auch wenn es eher die Ausnahme denn die Regel zu sein scheint: Kränkungen und Niederlagen bieten auch die Chance des Lernens – für Einzelne wie fürs Kollektiv. Es brauchte bei uns aber wohl die große Erschütterung über Unrecht, Gewalt und Mord unter nationalsozialistischer Diktatur, damit die Deutschen die Spirale der Vergeltung unterbrachen. Obwohl das Land nach dem Zweiten Weltkrieg noch einmal einen großen Anteil an Territorium eingebüßt und ein Fünftel der Bevölkerung die Heimat verloren hatte, fand sich keine relevante Partei, die nach dem Zweiten Weltkrieg Rache anstrebte. Aus Angst vor revanchistischen Tendenzen wurden landsmannschaftliche Zusammenschlüsse von Flüchtlingen und Vertriebenen zwar zunächst von den Alliierten untersagt. Doch die befürchtete massenhafte Radikalisierung blieb aus.

Mochte der Verlust von Heimat, Eigentum und angestammten Traditionen auch schmerzhaft sein, so wurde er doch erträglich, als Wut, Groll, Aggressivität durch Erinnern und Trauern ersetzt wurden. In dem Verzicht auf eine gewaltsame Revision der Geschichte sehe ich eine große zivilisatorische Leistung der deutschen Nachkriegsgesellschaft und fühle mich bestätigt in der Annahme: Kränkung kann bearbeitet, kann eingehegt werden.

Dear Ladies and Gentlemen,
In the past it was perceived as a sign of weakness to show injuries and hurt feelings. Today, slight is almost highlighted in order to employ it as a »weapon for recognition«, to cite the psychiatrist and psychotherapist Reinhard Haller once more. The Bosnian author Miljenko Jergović formulated this bitterly after the Balkan war: »there exists no greater collective pleasure for a people than to live as victims. All problems are solved, because now you can beg everywhere and at any time for economic and moral credit.«

We face a thoroughly ambivalent process: on the one hand, societal progress with its efforts for anti-discrimination has yielded many fruits. It is a victory of justice for the whole of society, when minorities have equal rights and are allowed to participate. We have become sensitive to many a cause that might deprive individuals or groups, or isolate them. To illustrate, never did questions with regard to gender equality gain so much attention as today, and never did persecuted people and ethnic, religious, or sexual minorities experience so much recognition and empathy. Remember the spontaneous and general culture of welcoming in Germany in 2015/2016.

Sehr geehrte Damen und Herren,
früher galt es als Schwäche, Verletzungen und Kränkungen zu zeigen. Heute werden Kränkungen teilweise geradezu hervorgehoben, um sie – und ich zitiere noch einmal den Psychiater und Psychotherapeuten Reinhard Haller – als »Waffe für Anerkennung« einzusetzen. Der bosnische Schriftsteller Miljenko Jergović hat es nach den Balkankriegen einmal bitter so formuliert: »Es gibt keinen größeren kollektiven Genuss für eine Volksgruppe, denn als Opfer zu leben. Alle Probleme sind gelöst, denn du … kannst jederzeit und überall um wirtschaftlichen und moralischen Kredit bitten.«

Wir stehen vor einem durchaus ambivalenten Prozess: Einerseits hat der gesellschaftliche Fortschritt mit seinen Bemühungen zur Anti-Diskriminierung zahlreiche Früchte getragen. Es ist ein Gerechtigkeitsgewinn für die gesamte Gesellschaft, wenn Minderheiten gleiche Rechte haben und Teilhabe erlangen können. Wir sind sensibler geworden für Vieles, was Einzelne oder Gruppen benachteiligt oder was sie zu Abgehängten werden lässt. Beispielsweise dürfte Fragen der Geschlechtergerechtigkeit noch nie so viel Aufmerksamkeit geschenkt worden sein wie heute, und noch nie dürften Verfolgte und ethnische, religiöse und sexuelle Minderheiten so viel Anerkennung und Empathie erfahren haben. Denken wir etwa auch an die spontane und allgemeine Willkommenskultur im Deutschland der Jahre 2015/2016.

At the same time a problematic spiral has been set in motion. The recognition which is granted to the one group, increases the efforts of other groups who wish to secure a similar recognition for themselves. As a result, there is a race for attention, for allocations, possibly also for compensation; in short: a competition among the disadvantaged.

On top of that, the debates about minorities have become so dominant in public discourse that majorities in turn have started to feel surpassed or even attacked. For example, two-thirds of white voters without a higher education degree and eighty percent of the evangelicals voted for Donald Trump because they did not feel represented by the Democratic presidential candidate in the USA presidency race.

They and also similar groups perceive the progress of society as an offence, which they feel has been imposed on them by an establishment committed to the *zeitgeist*. They searched and found a possibility for revenge. This event in the most recent elections of the leading nation of the world, one of the most mature democracies, has moved me more than anything else to dedicate myself to the theme of slight.

Gleichzeitig aber ist eine problematische Spirale in Gang gesetzt worden. Denn die Anerkennung, die der einen Gruppe zuteilwird, verstärkt unweigerlich die Bemühungen anderer Gruppen, für sich eine vergleichbare Anerkennung zu sichern. Die Folgen sind ein Wettlauf um Aufmerksamkeit, um Mittelzuweisungen, gegebenenfalls auch um Wiedergutmachung, kurz: eine Konkurrenz unter den Gekränkten.

Zudem sind die Debatten um Minderheiten zeitweilig so dominant im öffentlichen Diskurs geworden, dass sich Mehrheiten ihrerseits übergangen fühlten oder sogar angegriffen sahen. Weil sie sich beispielsweise im US-amerikanischen Wahlkampf bei der demokratischen Präsidentschaftskandidatin nicht aufgehoben fühlten, wählten zwei Drittel der weißen Wähler ohne Hochschulabschluss und 80 Prozent der Evangelikalen Donald Trump.

Von diesen und ähnlichen Gruppen wurde der gesellschaftliche Fortschritt als Kränkung empfunden, der ihnen von einem dem Zeitgeist verpflichteten Establishment auferlegt worden sei. Sie suchten und fanden eine Möglichkeit, sich zu rächen. Dieses Ereignis der jüngsten Wahl in der führenden Nation der Welt und einer der gereiftesten Demokratien hat mich mehr als alles andere bewogen, mich dem Thema Kränkung zuzuwenden.

Germany is not the United States of America, but we should consider an important insight from the developments on the other side of the pond. Our society has grown more diverse, and will grow to become even more diverse. Diversity brings novelty, enlivening, widening. Nevertheless, diversity should not obliterate what unites a society. The American humanities researcher Mark Lilla reminded the political establishment of a democratic principle: »In healthy times, national politics,« he wrote, »is not about ›difference‹ but about similarities.« It is concerned about the similarities of societal rudiments and cares for common social objectives. It is about what represents the interest of the majority, or comes close to it, and which could and should be accepted by minorities. If this is out of sight, populists will almost automatically gain popularity.

I cannot imagine a society that would be capable to compensate every kind of difference. Yet, I do not want to imagine a society that strives to be radically sensitive to pre-emptively avoid any kind of offence and which strives to enforce a general slight-exemption. And finally already starts to sanction the naming of difference.

Deutschland ist nicht Amerika, aber eine wichtige Erkenntnis nach der Entwicklung jenseits des Atlantiks sollten auch wir berücksichtigen. Unsere Gesellschaft ist vielfältiger geworden, und sie wird noch vielfältiger werden. Vielfalt bringt Neues, Belebendes, Erweiterndes. Doch über dieser Vielfalt dürfen das Einigende und das Miteinander einer Gesellschaft nicht in Vergessenheit geraten. Der amerikanische Geisteswissenschaftler Mark Lilla hat die Politik daher an eine demokratische Grundregel erinnert: »Nationale Politik« – so schrieb er – »dreht sich in gesunden Zeiten nicht um ›Differenz‹, sondern um Gemeinsamkeiten«: Sie dreht sich um Gemeinsamkeiten der gesellschaftlichen Grundlagen und Gemeinsamkeiten der gesellschaftlichen Ziele. Um das, was den Interessen der Mehrheit entspricht oder nahe kommt und von der Minderheit akzeptierten werden kann und akzeptiert werden sollte. Gerät dies aus dem Blick, gewinnen Populisten nahezu automatisch Zulauf.

Ich kann mir keine Gesellschaft vorstellen, die imstande wäre, jede Art von Unterschied auszugleichen. Und ich möchte mir keine Gesellschaft vorstellen, die in radikaler Sensibilität bestrebt ist, jede Art von Kränkung von vornherein zu vermeiden und eine generelle Kränkungsverschonung durchzusetzen. Und schließlich schon das Benennen von Differenz zu sanktionieren beginnt.

I fear that such a society would not only not be perfect; it would be an educational dictatorship. Painful psychological reaction patterns as they accompany humanity since Cain and Abel can be enclosed, but can never completely be trained away into oblivion. We cannot get it out of the world by banning it from discussion. We would only create people who exercise self-censorship, because they fear not to be living up to the prescribed discourse.

Moreover, I wonder why it would be useful to socialise people into oversensitive beings in a time where we witness an increase of brutalisation, insults, and abuse, so that their threshold of frustration will steadily decrease. Take for example the policy at American universities where students by means of so-called »trigger warnings« can avoid texts in which brutal violence and racism occur.

Quite apart from the fact that such conduct would lead to a major part of world literature ending up on the index, I believe that such measures steer in the wrong direction. Instead of trying to shield people from offence in a comfort zone, one should aim to strengthen their defences and their self-consciousness, so that they can face the slight. As such they can react sovereignly like the Afro-American author James Baldwin once did. »I am not a nigger,« he said in an interview. »I am a man. If you think, I am a

Ich fürchte, eine derartige Gesellschaft wäre nicht nur nicht vollkommen, sondern eine Erziehungsdiktatur. Verletzende psychische Reaktionsmuster, wie sie die Menschheit seit Kain und Abel begleiten, können zwar eingehegt, aber niemals gänzlich wegtrainiert werden. Wir schaffen sie nicht aus der Welt, wenn wir sie aus der Diskussion ausklammern. Wir schaffen nur Menschen, die Selbstzensur üben, weil sie Angst haben müssen, dem verordneten Leitdiskurs nicht gerecht zu werden.

Außerdem frage ich mich: Warum soll es sinnvoll sein, Menschen ausgerechnet in einer Zeit, in der Verrohungen, Beleidigungen und Beschimpfungen zunehmen, so übersensibel zu sozialisieren, dass ihre Frustrationsschwelle ständig sinkt? Etwa wenn sie wie in US-Universitäten durch sogenannte »Trigger-Warnungen« Texten von vornherein aus dem Weg gehen können, in denen beispielsweise von brutaler Gewalt und Rassismus die Rede ist.

Ganz abgesehen davon, dass ein großer Teil der Weltliteratur auf dem Index landen würde, zielen derartige Anstrengungen meines Erachtens in die falsche Richtung. Statt Menschen in einer Komfortzone möglichst vor Kränkungen zu bewahren, sollten umgekehrt ihre Abwehrkräfte und ihr Selbstbewusstsein gestärkt werden, damit sie sich den Kränkungen gewachsen sehen. Damit sie so souverän reagieren wie einst der afroamerikanische Schriftsteller James Baldwin. »I'm not a nigger«, sagte er

nigger that means, *you need it*. And you have to find out, why.«

Baldwin does not want to position himself as an injured person. Someone who allows himself to be victimised, makes himself excessively dependent on the recognition of his environment. Indeed, society should assist those who have been discriminated against; society should pay tribute to them, and strive to reduce inequality. Yet for me it is and remains the best method to strengthen self-consciousness, in order that what insults and offends people will gain as little power over them as possible. As such they will gain a stable identity and they create the ability to defend their worth and options for shaping their living conditions and lifestyles.

We do not know if in Glogau Rabbi Leopold Lucas read the works of psycho-analyst Sigmund Freud from Vienna. Yet, the answer Lucas offered the Jews to the increasing anti-Semitic sentiments at the end of the nineteenth century, is what Sigmund Freud called the strengthening of the ego. In a time of distress, Leopold Lucas founded the »Society for the Promotion of Jewish Studies«. It was not at all meant for mere study purposes, rather it was oriented towards practical-political needs: to promote the self-esteem and self-consciousness of Jews, and *actually* all believers; to offer them protection from hostilities, and to deliver arguments against anti-Semitic slogans.

einst in einem Interview. »I'm a man. If you think, I am a nigger, that means, *you need it*. And you have to find out, why.«

Baldwin will sich nicht als Gekränkter definieren. Denn der, der sich viktimisieren lässt, macht sich übermäßig abhängig von der Anerkennung seiner Umgebung. Ja, die Gesellschaft soll Diskriminierten Hilfe zukommen lassen, soll ihnen Anerkennung zollen und Ungleichheit abbauen. Aber für mich ist und bleibt die Stärkung des Selbstbewusstseins die beste Methode, damit das, was Menschen kränkt und beleidigt, möglichst wenig Macht über sie gewinnt. Damit sie eine stabile Identität gewinnen und ihre Würde und ihre Gestaltungsmöglichkeiten verteidigen.

Wir wissen nicht, ob der Rabbiner Leopold Lucas in Glogau Schriften des Psychoanalytikers Sigmund Freud aus Wien gelesen hat. Aber das, was Lucas den Juden als Antwort auf die verstärkten antisemitischen Strömungen am Ende des 19. Jahrhunderts empfahl, hätte Sigmund Freud die Stärkung des Ich genannt. In der »Zeit der Bedrängnis« gründete Leopold Lucas die »Gesellschaft zur Förderung der Wissenschaft des Judentums«. Keineswegs nur gedacht für Forschungen in der Studierstube, sondern orientiert an den praktisch-politischen Erfordernissen: Um die Selbstachtung und das Selbstbewusstsein von Juden und übrigens allen Glaubenden zu fördern, um

For me Lucas' reaction is exemplary. What internally strengthens a society is the strength of its participants. It is their self-confidence. It is their confidence in themselves to be able to survive in a constantly changing world. It also results in an emotional and intellectual security in dealing with the world. Those who are able to first take a step back, and to analyse from an outsider-perspective what had humiliated, injured, and offended them – which is the greatest weakness of the offended –, those people will make the best progress to again act sovereignly and to master the situation.

Everyone of us has already encountered how helpful such an objectification can be in the private sphere. De-escalation by means of objectification is also especially recommended in politics. After all, who acts according to the motto »an eye for an eye«, will only intensify the spiral of slight and risks that the destructive dynamic becomes independent.

Dear Ladies and Gentlemen,
At the beginning I already pointed out that my exposition would be no more than an impetus for orientation in a perpetually current and difficult field. Nevertheless, we acknowledge that it remains a ma-

ihnen Schutz vor Anfeindungen zu bieten und um Argumente gegen antisemitische Parolen zu liefern.

Für mich ist seine Reaktion beispielgebend. Das, was eine Gesellschaft in ihrem Innern stark macht, ist die Stärke ihrer Mitglieder. Ist ihr Selbstvertrauen. Ist ihr Zutrauen zu sich selbst, dazu, in einer sich ständig verändernden Welt bestehen zu können. Es ist auch eine daraus erwachsende emotionale und intellektuelle Sicherheit im Umgang mit der Welt. Wer es vermag, erst einmal einen Schritt zurückzutreten und das, was ihn erniedrigt, verletzt, gekränkt hat, quasi von außen und kühl zu analysieren – übrigens auch die Schwäche des Kränkenden –, der schafft die besten Voraussetzungen, um wieder souverän handeln und wieder Herr der Lage werden zu können.

Wie hilfreich eine derartige Versachlichung im privaten Bereich sein kann, hat jeder von uns schon erfahren. Deeskalation durch Versachlichung empfiehlt sich aber auch und ganz besonders in der Politik. Denn wer nach der Devise handelt, Gleiches mit Gleichem zu vergelten, heizt die Kränkungsspirale nur an und riskiert, dass sich die destruktive Dynamik verselbständigt.

Meine Damen und Herren,
eingangs habe ich bereits darauf verwiesen, dass meine Überlegungen nicht mehr als ein Anstoß für eine Orientierung auf einem dauerhaft aktuellen und auch schwierigen Gebiet sein können. Aber wir er-

jor and essential task to strengthen and develop this feeling of self-worth and this self-consciousness in all individuals wherever possible. That is: no unrealistic shielding against every offence, but rather equipping people with defences, with resilience.

That is the task of all those who educate people.

I thank all of you – in the hope that your interest was met and that this was no offensive evening for you.

kennen: Es bleibt eine große und unerlässliche Aufgabe, dieses Selbstwertgefühl, diese Selbstbewusstheit in möglichst allen Individuen zu stärken und zu entwickeln. Also keine wirklichkeitsfremde Abschirmung gegen jede Kränkung, sondern die Ausstattung der Menschen mit Abwehrkräften, mit Resilienz.

Das ist die Aufgabe aller Menschen, die Menschen erziehen.

Ich danke Ihnen – in der Hoffnung, dass *Ihr* Interesse genügend *Anerkennung* fand und dies für Sie kein kränkender Abend war.

Address
at the Award Ceremony of the
2017 Dr. Leopold Lucas Prize

by

Michael Tilly

Ansprache
bei der Verleihung des
Dr. Leopold Lucas-Preises 2017

von

Michael Tilly

Dear Honorary Senator Dr. Lucas, dear Rector, *Spectabiles*, dear colleagues, Ladies and Gentlemen, and most of all: dear prize winners of today, Mr Federal President *ret.* Dr. h.c. Joachim Gauck and Mr Dahan Fan!

It is a great honour and a great pleasure for me to welcome all of you to this ceremony in the name of the Eberhard Karls University and the Faculty of Protestant Theology. Today the Dr. Leopold Lucas Prize 2017 and the Dr. Leopold Lucas Prize for Young Researchers will be awarded.

The Dr. Leopold Lucas Prize was founded in 1972 by Dr. Franz D. Lucas, consul general and later honorary senator of the University. The prize was established in commemoration of the centenary of his father's birthday: Historian and Rabbi Dr. Leopold Lucas, who had been born on the 18th of September 1872 in Marburg/Lahn, and had died in Theresienstadt. This renowned prize has been bestowed by the Faculty of Protestant Theology of Tübingen since 1974, in order to honour outstanding scientific achievements in the fields of Theology, History, and Philosophy; research that has contributed in remark-

Verehrter Herr Ehrensenator Dr. Lucas, Magnifizenz, Spectabiles, liebe Kolleginnen und Kollegen, meine sehr geehrten Damen und Herren, vor allem aber: Sehr geehrte Preisträger des heutigen Tages, Herr Bundespräsident a. D. Dr. h. c. Joachim Gauck und Herr Dahan Fan!

Es ist mir eine außerordentliche Ehre und eine große Freude, Sie alle im Namen der Eberhard Karls Universität und ihrer Evangelisch-theologischen Fakultät zu dieser Feierstunde willkommen zu heißen. Überreicht werden heute der Dr. Leopold Lucas-Preis für das Jahr 2017 sowie der gleichnamige Nachwuchswissenschaftler-Preis.

Gestiftet wurde der Dr. Leopold Lucas-Preis 1972 von dem Generalkonsul und späteren Ehrensenator der Universität Dr. Franz D. Lucas zum ehrenden Gedenken an seinen 100 Jahre zuvor, am 18. September 1872, in Marburg an der Lahn geborenen und in Theresienstadt umgekommenen Vater, den beeindruckend gelehrten Historiker und Rabbiner Dr. Leopold Lucas. Der renommierte Preis wird seit 1974 von der Tübinger Evangelisch-Theologischen Fakultät für besondere wissenschaftliche Leistungen auf den Gebieten der beiden Theologien, der historischen Geisteswissenschaft und der Philosophie ver-

able ways to the understanding between humans and peoples, as well as contributed to the dissemination of the enlightened idea of tolerance in public discourse.

»All literature of the Enlightenment has the unfortunate fate that as soon as it begins to work, it no longer suffices.«[1] The formulation of this historical-scientific problem can be found in the introduction of a public lecture given by Rabbi Dr. Leopold Lucas, then-secretary of the »Society for the Promotion of Jewish Studies«, at the society's general meeting on the 27th of December 1905: the sixth day of Hanukkah, which commemorates the religious self-assertion of the Jews and God's saving intervention during the so-called Maccabean Revolt.

Focal point of this long and learned lecture is the concept and implementation of a scholarly enterprise that is still deemed formidable today, and which overshadows the goal of all Excellence clusters and Centres of Research Collaboration known to me. This scientific enterprise, which corresponded to the modern rational scientific ideal of the 1900s, sought to achieve nothing less than offering the complete encyclopaedic recording and exploration of testimonies of Jewish life and thought in past and present. Such a monumental task to which the »Gesellschaft zur Förderung der Wissenschaft des Judentums«, founded in

geben, welche im öffentlichen Diskurs in besonderer Weise zu einer Verständigung zwischen Menschen und Völkern sowie zu einer Verbreitung des aufgeklärten Toleranzgedankens beigetragen haben.

»Alle Aufklärungsliteratur hat ein bedauerliches Schicksal, kaum beginnt sie zu wirken, da genügt sie bereits nicht mehr.«[1] Diese wissenschaftsgeschichtliche Problemanzeige findet sich im Einleitungsteil eines öffentlichen Vortrags des Schriftführers der »Gesellschaft zur Förderung der Wissenschaft des Judentums«, Rabbiner Dr. Leopold Lucas, bei der Generalversammlung der Gesellschaft am 27. Dezember 1905, dem sechsten Tag des Chanukkafestes, das an die religiöse Selbstbehauptung der Juden und das rettende Eingreifen Gottes während der sogenannten »Makkabäischen Krise« erinnert.

Im Mittelpunkt des langen und gelehrten Vortrags stehen die Konzeption und Durchführung eines auch heute noch gewaltig anmutenden – und die Zielsetzung sämtlicher mir bekannter Exzellenzcluster und Sonderforschungsbereiche in den Schatten stellenden – wissenschaftlichen Unternehmens, das dem modernen rationalistischen Wissenschaftsideal um 1900 entsprach, indem es nicht weniger als die vollständige enzyklopädische Erfassung und Erforschung der Zeugnisse jüdischen Lebens und Denkens in Geschichte und Gegenwart beabsichtigte. Ein solches Mammutunternehmen, wie es die im Novem-

Berlin in November 1902 on the initiative of Leopold Lucas, Martin Philippson, and Hermann Cohen, had dedicated itself, had however only been possible on the basis of the broad and rapid Jewish reception of the epic intellectual history project of the Enlightenment since the late eighteenth century.

Right from the start the representatives of the Jewish Enlightenment movement »Haskalah« sought to end the centuries-old isolation of Jewish communities from their non-Jewish surroundings. The author and philosopher Moses Mendelssohn was one of the first members who stood out. The members of Haskala sought a departure from traditional Talmudic educational ideals to the cultural opening-up of Judaism in the sense of a comprehensive reception of modern educated intellectual currents.

The rapidly advancing process of tolerance and enlightenment in Western Europe continued in the nineteenth century and also brought the Jews in the German states a gradual improvement of their legal position in society. Corresponding to the ideals of the French Revolution and the enlightened *zeitgeist* voices raised within the Jewish communities, particularly in the cities, who discerned the very essence of Jewish religion less in its traditional con-

ber 1902 in Berlin auf Anregung von Leopold Lucas und unter Mitwirkung von Martin Philippson und Hermann Cohen gegründete »Gesellschaft zur Förderung der Wissenschaft des Judentums« intendierte, war indes nur möglich auf der Grundlage der raschen und breiten jüdischen Rezeption des epochalen geistesgeschichtlichen Projektes der Aufklärung seit dem späten 18. Jahrhundert.

Von Anfang an strebten die Wortführer der jüdischen Aufklärungsbewegung, der »Haskala«, unter denen zunächst der Schriftsteller und Philosoph Moses Mendelssohn herausragte, ein Ende der seit Jahrhunderten bestehenden Isolierung der Gemeinden von ihrer nichtjüdischen Umwelt an. Die Anhänger der Haskala beabsichtigten eine Abkehr vom traditionellen talmudischen Bildungsideal und die kulturelle Öffnung des Judentums im Sinne einer umfassenden Rezeption der modernen gebildeten Geistesströmungen.

Der im 19. Jahrhundert rasch fortschreitende Prozess der Toleranz und Aufklärung in Westeuropa brachte auch den Juden in den deutschen Ländern eine sukzessive Verbesserung ihrer rechtlichen Position innerhalb der Gesellschaft. Entsprechend den von Frankreich ausgehenden Revolutionsidealen und dem aufgeklärten Geist der Zeit mehrten sich innerhalb der jüdischen Gemeinden vor allem in den Städten nun die Stimmen, die das eigentliche Wesen

tinuation of the past but rather in its significance for the present.

With the rise of political liberalism, the number of spokesmen advocating a separation of religion and state increased. They promoted the idea that religion as such should in principle not be subject to the sphere of influence of the state. Rather, it should only count as a private matter which should not have any decisive influence on society. One of the most famous representatives of this trend was the Jewish notary Gabriel Riesser (1806–1863). His answer to the »Jewish Question« – that is, the question of the adequate and legitimate position of Jews in society – comprised of the liberal stress he put on the private character of Jewish religion, and his turn to German nationalism as vehicle for Jewish emancipation.

The March Revolution of 1848 initially appeared to encourage such an interpretation. The emancipation of Jews became an agenda point on the political programme of the liberals. The Jewish Reform Movement on their side supported the liberal-political demands. The Frankfurt Constitution, or Constitution of St. Paul's Church (officially the Constitution of the German Empire), incorporated the following provision into the »Grundrechte des deutschen Volkes« (»Fundamental Rights of the German People«):

der jüdischen Religion weniger in ihrer Traditionskontinuität zur Vergangenheit als vielmehr in ihrer Bedeutung für die Gegenwart erkannten.

Mit dem Erstarken des politischen Liberalismus mehrten sich die Wortführer des Gedankens, dass die Religion als solche prinzipiell nicht dem Einflussbereich des Staates unterliegen dürfe, sondern dass sie nur noch als eine Privatsache zu gelten habe, die ihrerseits keinen bestimmenden Einfluss auf die Gesellschaft ausüben dürfe. Einer der bekanntesten Vertreter dieser Richtung war der jüdische Notar Gabriel Riesser (1806–1863). Seine Antwort auf die »Judenfrage«, d.h. die Frage nach der adäquaten und berechtigten Stellung von Juden in der Gesellschaft, bestand in der liberalen Akzentuierung des privaten Charakters der jüdischen Religion und seiner Hinwendung zum deutschen Nationalismus als Vehikel der Judenemanzipation.

Die Märzrevolution des Jahres 1848 schien ein solches Verständnis zunächst zu begünstigen. Die Judenemanzipation wurde zum Bestandteil der politischen Programmatik der Liberalen und die jüdische Reformbewegung unterstützte ihrerseits die liberalen politischen Forderungen. Die Paulskirchenverfassung nahm die folgende Bestimmung in die »Grundrechte des deutschen Volkes« auf:

»(§ 16) *Religious denomination does not condition or limit the enjoyment of civil and civic rights and obligations. Likewise, religious denomination must not interfere with civic duties.*«

In the following decades the legal situation of German Jews continued to improve thanks to a string of decrees. In 1869 liberal deputies in Prussia succeeded to enforce a law which would prohibit the discrimination of Jews in all states annexed by Prussia. This law was implemented for the entire territory of the German empire on the 16th of April 1871. Many Jews benefitted from the opportunities now open to them. A significant number went on to pursue astonishing careers in many areas of science, culture, industry, trade, banking, free and creative professions. Besides the historian Leopold Lucas I could name for example Jewish natural scientists (e.g. Fritz Haber [1868–1934] and Albert Einstein [1879–1955]), medics (e.g. Sigmund Freud [1856–1939]), industrials and politicians (e.g. Walther Rathenau [1867–1922]), managing directors of banks (e.g. Paul Warburg [1868–1932]), architects (e.g. Fritz Landauer [1883–1968]), artists (e.g. Max Liebermann [1847–1938]), literati (e.g. Franz Kafka [1883–1924]), and publishers (e.g. Samuel Fischer [1859–1934]).

»*(§ 16) Durch das religiöse Bekenntnis wird der Genuss der bürgerlichen und staatsbürgerlichen Rechte und Pflichten weder bedingt noch beschränkt. Den staatsbürgerlichen Pflichten darf dasselbe keinen Abbruch tun.*«

In den folgenden Jahrzehnten wurde die rechtliche Lage der deutschen Juden durch eine Reihe von Verordnungen sukzessive verbessert. In Preußen gelang es 1869 liberalen Abgeordneten, ein Gesetz durchzusetzen, das in allen von Preußen annektierten Staaten die Diskriminierung von Juden untersagte. Am 16. April 1871 wurde dieses Gesetz für das gesamte Territorium des Deutschen Reichs übernommen. Viele deutsche Juden nutzten die Chancen, die sich ihnen nun boten. Manchen von ihnen gelangen fortan erstaunliche Karrieren in vielen Bereichen von Wissenschaft, Kultur, Industrie, Handel, Bankwesen, freien und künstlerischen Berufen. Neben dem Historiker Leopold Lucas beispielhaft zu nennen sind jüdische Naturwissenschaftler (z. B. Fritz Haber [1868–1934] und Albert Einstein [1879–1955]), Mediziner (z. B. Sigmund Freud [1856–1939]), Industrielle und Politiker (z. B. Walther Rathenau [1867–1922]), Bankdirektoren (z. B. Paul Warburg [1868–1932]), Architekten (z. B. Fritz Landauer [1883–1968]), Künstler (z. B. Max Liebermann [1847–1938]), Literaten (z. B. Franz Kafka [1883–1924]) und Verleger (z. B. Samuel Fischer [1859–1934]).

A particularly impressive monument of German-Jewish scholarship is the »Grundriss einer Gesamtwissenschaft des Judentums« (»Compendium of Jewish Studies«), which was initiated and published by Leopold Lucas in 36 volumes and was later extended to 44 volumes. Leopold Lucas' motivation behind the project was to establish the cooperation of Jewish researchers from a variety of religious backgrounds. This project should be accompanied from its beginnings by 1) extensive critical editions of all rabbinical writings, 2) the publication of the works of all important philosophers of Judaism, 3) the publication of all the works of contemporary Jewish thinkers, and 4) a complete coverage of all places of Jewish life in Germany. Lucas' agenda consisted of an equally detailed and methodologically reflected study of the available testimonies of Jewish life past and present: »Hair-splitting accuracy must be matched with down-to-earth philosophical understanding.«[2]

The »Grundriss einer Gesamtwissenschaft des Judentums« could count as the intellectual engine of the Society for the Promotion of Jewish Studies. It offers by far the largest contribution of German Jewry to Jewish culture in modern times. During the 36 years of its existence, the Society not only supported numerous pioneering projects and publications, it continues to have lasting influence on re-

Ein besonders eindrückliches Monument deutscher jüdischer Gelehrsamkeit ist der von Leopold Lucas initiierte und herausgegebene, auf 36, später auf 44 Bände angelegte »Grundriss einer Gesamtwissenschaft des Judentums«. Das von Leopold Lucas als Kooperation jüdischer Forscher aller religiösen Richtungen geplante Projekt sollte 1.) von umfangreichen kritischen Editionen sämtlicher rabbinischer Schriften, 2.) von der Veröffentlichung der Werke aller bedeutenden Philosophen des Judentums, 3.) von der Herausgabe sämtlicher Arbeiten gegenwärtiger jüdischer Denker sowie 4.) von einer vollständigen systematischen Erfassung aller Orte des jüdischen Lebens in Deutschland von seinen Anfängen her begleitet werden. Seine Agenda bestand in einer ebenso detaillierten wie methodologisch reflektierten Befassung mit den verfügbaren Zeugnissen des vergangenen und gegenwärtigen jüdischen Lebens: »Haarspaltende Genauigkeit muss sich mit kühlem philosophischen Verständnis vereinigen.«[2]

Der »Grundriss einer Gesamtwissenschaft des Judentums«, als dessen intellektueller »Motor« die Gesellschaft zur Förderung der Wissenschaft des Judentums gelten kann, stellt sicher den größten Beitrag des deutschen Judentums zur jüdischen Kultur in der Moderne dar. Während der insgesamt 36 Jahre ihres Bestehens unterstützte die Gesellschaft nicht nur zahlreiche bahnbrechende Projekte und Publika-

search into Jewish culture at academic institutions across the globe.

Even today, the programme of biblical studies as formulated by Leopold Lucas does not seem outdated. Equipped with the methodologies of modern history and literature, it offers a significant contribution to elucidate the complex processes of perception and impact of the Jewish Bible as the basis of a multifaceted Jewish religion in past and present. As such, Leopold Lucas is able to describe the task of Jewish exegetes as follows: »By liberating the Scriptures from tradition's claim of power and by studying them scientifically, they lay the foundations of religious studies.«[3]

The philological foundation of textual interpretation receives particular attention, which is why Lucas warns: »Because the research is very subtle, it often comes down to the most precise knowledge of sentence structure, of compound sentence, of word content, of highest philological meticulousness.«[4] This meticulousness does not only apply to the Hebrew Scriptures, but also to the boundless sea of rabbinical literature since Late Antiquity: »Hebrew literature of the Middle Ages, which is to be considered, extends almost endlessly; the sources are so numerous

tionen, sondern hatte auch einen nachhaltigen – und bis heute andauernden – Einfluss auf die Forschung zur jüdischen Kultur in akademischen Institutionen auf der ganzen Welt.

Bis heute nicht überholt scheint insbesondere die von Leopold Lucas formulierte Programmatik der biblischen Studien, die, ausgerüstet mit dem Methodenrepertoire der neuzeitlichen Geschichts- und Textwissenschaft, einen wichtigen Teil dazu beitragen, die komplexen Prozesse der Wahrnehmung und Wirkung der jüdischen Bibel als Basisdokument der vielgestaltigen jüdischen Religion in Geschichte und Gegenwart zu erhellen. So kann Leopold Lucas die Aufgabe jüdischer Bibelexegeten wie folgt beschreiben: »Indem sie die heiligen Schriften vom Machtanspruch der Tradition befreien und wissenschaftlich durchforschen, legen sie die Fundamente religionswissenschaftlicher Erkenntnis.«[3]

Ein besonderes Augenmerk gilt dabei der philologischen Fundierung sämtlicher Textinterpretationen, weshalb Leopold Lucas anmahnt: »Da die Forschungen überaus subtil sind, kommt es oft genug auf die genauesten Kenntnisse des Satzbaues, des Satzgefüges, des Wortinhaltes an, auf höchste philologische Akribie.«[4] Nun betrifft diese Akribie nicht nur die hebräischen heiligen Schriften, sondern auch das uferlose Meer der rabbinischen Literatur seit der Spätantike: »Die hebräische Literatur des Mittelalters, die zu berücksichtigen ist, dehnt sich nachgerade

that great skills are required to allow one even to orient oneself, not to mention a correct assessment and use of the source material.«[5] In addition to rabbinical traditions and commentaries the formidable project also encompasses core areas of the humanities: »It is self-evident that Jewish Studies must devote constant attention to philosophical research: metaphysics and philosophy of religion, ethics and psychology.«[6]

Those who hold the opinion that Leopold Lucas' project in the first place serves to secure the knowledge of an academic elite, are faced with the rabbi's reproach: science is by no means ennobled when the output and results cannot be comprehended by the general public. Leopold Lucas explicitly reminds his audience of the »Religionsgeschichtliche Volksbücher für die deutsche christliche Gegenwart« (»Popular History of Religion for the German-Christian Present«); a series that had been established by Wilhelm Bousset and Heinrich Weinel, and which is being published with J.C.B. Mohr (Paul Siebeck)/Mohr Siebeck in Tübingen since 1906. Within a couple of years, a considerable total edition of more than half a million copies had been sold. By their self-understanding, these popular series sought to satisfy a widespread demand for religious enlightenment, »through work that is radical in the sense

ins Endlose aus; so zahlreich sind die Quellenwerke, dass grosse Fähigkeiten dazu gehören, sich überhaupt zu orientieren, geschweige denn alles richtig einzuschätzen und zu verwerten.«[5] Über die rabbinische Traditions- und Kommentarliteratur hinaus umfasst das gewaltige Unternehmen auch Kernbereiche der Geisteswissenschaft: »Es ist selbstverständlich, dass die Wissenschaft des Judentums philosophischen Forschungen beständige Aufmerksamkeit widmen muss, der Metaphysik und Religionsphilosophie, der Ethik und Psychologie.«[6]

Wer nun meint, das von Leopold Lucas dergestalt skizzierte Projekt sei in erster Linie zur Sicherung der Wissensbestände einer akademischen Elite bestimmt, den weist der gelehrte Rabbiner darauf hin, dass die Wissenschaft keinesfalls geadelt werde, wenn ihre Resultate von der Allgemeinheit nicht mehr zu verstehen sind. Leopold Lucas erinnert seine Zuhörer in diesem Zusammenhang explizit an die von Wilhelm Bousset und Heinrich Weinel begründeten und seit 1906 bei J.C.B. Mohr in Tübingen erscheinenden »Religionsgeschichtliche[n] Volksbücher für die deutsche christliche Gegenwart«, von denen binnen weniger Jahre eine beachtliche Gesamtauflage von ca. ½ Million Exemplaren verkauft werden konnte. Ihrem Selbstverständnis nach wollten die »Religionsgeschichtlichen Volksbücher« eine verbreitete Nachfrage nach religiöser Aufklärung befriedigen, »und zwar durch ein Arbeiten, das radikal ist im Sinne

of thoroughness, popular in the sense of clarity unvarnished, comprehensive in the sense that nothing that is essential is disregarded, and scientific in the sense that the best-informed professionals ... describe things in the way the expert sees them.«[7]

In the same way it was indispensable for Leopold Lucas that the »Grundriss einer Gesamtwissenschaft des Judentums« would remain accessible to the general public: »In fact, if a scholar has the aptitude to present, he does not need to break off or bend over even the tips of the research in order to be understandable: they just have to stand out clearly and differentiate themselves from prevailing concepts.«[8]

Already by the beginning of the 20th century Leopold Lucas had become aware of the fact that the civil equality of German Jews in society and science was met with resistance of aggressive anti-Jewish and anti-Semitic currents in the Empire. In this respect he confidently stated in his Berlin speech of 1905: »At the service of truth we do not want to know anything of any censorship or paternalism, because they are the means of defence which error uses in the fight against truth.«[9]

der Gründlichkeit, volkstümlich im Sinne ungeschminkter Klarheit, umfassend in dem Sinne, daß nichts Notwendiges außer acht gelassen wird, und wissenschaftlich in dem Sinne, daß die am besten unterrichteten Fachleute (…) die Dinge so schildern, wie der Sachkenner sie liegen sieht.«[7]

Auch für Leopold Lucas war es unabdingbar, dass der »Grundriss einer Gesamtwissenschaft des Judentums« bei aller Wissenschaftlichkeit stets für ein breiteres Publikum rezipierbar bleibt: »Tatsächlich braucht kein Gelehrter, sobald die richtige Darstellungsfähigkeit vorhanden ist, auch nur die Spitzen der Forschung abzubrechen oder umzubiegen, um verständlich zu sein, diese müssen nur deutlich hervortreten und von herrschenden Begriffen sich abheben.«[8]

Leopold Lucas war sich bereits zu Beginn des 20. Jahrhunderts darüber im Klaren, dass die bürgerliche Gleichberechtigung der deutschen Juden in Gesellschaft und Wissenschaft auf den Widerstand aggressiver judenfeindlicher und antisemitischer Strömungen im Kaiserreich stieß. Selbstbewusst heißt es demgegenüber in seiner Berliner Rede von 1905: »Im Dienste der Wahrheit wollen wir nichts wissen von irgend welcher Zensur und Bevormundung, denn das sind die Verteidigungsmittel, deren sich der Irrtum im Kampf gegen die Wahrheit bedient.«[9]

It was absolutely necessary to initiate such a battle of truth against error. Simultaneously with the German Jewish fight for equal civil rights, there emerged a modern secular anti-Semitic ideology out of traditional religiously-based anti-Semitism, influenced by old anti-Semitic stereotypes. Racial anti-Semitism had been developed in the second half of the nineteenth century: it denied the Jews the ability to belong nationally and culturally to mainstream society; it asserted their cultural, social, religious, and moral inferiority; accordingly Judaism was accused of damaging national and ethnic structures, and therefore it was regarded as essential to actively combat Judaism.

With the end of the era of liberalism and due to economic and political consequences of a very difficult economic situation following the Franco-Prussian War in 1870/71, these currents that promoted the discrimination and exclusion of Judaism increased. Not only in Germany did anti-Semitic thinkers develop their ideologies into a crude system that purported to offer an explanation and solution to all world problems. Modern anti-Semitism simultaneously became a fundamental critique against the basic principles and manifestations of modern liberal society. It saw in German Jewry, which fought for

Ein solcher Kampf der Wahrheit gegen den Irrtum war zwingend erforderlich. Zeitgleich mit dem Kampf der deutschen Juden um ihre bürgerliche Gleichberechtigung und beeinflusst von tradierten judenfeindlichen Stereotypen war aus der traditionellen religiös begründeten Judenfeindschaft in Europa die neuzeitliche säkulare antisemitische Ideologie hervorgegangen. In der zweiten Hälfte des 19. Jahrhunderts hatte sich der rassenideologische Antisemitismus entwickelt, der den Juden die Fähigkeit der nationalen und kulturellen Zugehörigkeit zur Mehrheitsgesellschaft absprach, ihre kulturelle, soziale, religiöse und moralische Minderwertigkeit behauptete, dabei im Wirken des Judentums eine Schädigung nationaler und ethnischer Strukturen erblickte, und daraus die Notwendigkeit der aktiven Bekämpfung des Judentums ableitete.

Mit dem Ende der Epoche des Liberalismus und durch die ökonomischen und politischen Folgen der »Gründerkrise« erstarkten diese auf Diskriminierung und Ausgrenzung des Judentums bedachten Strömungen. Judenfeindliche Denker nicht nur in Deutschland entwickelten ihre Lehren zu einem kruden System, das ihnen die vermeintliche Erklärung und Lösung aller Weltprobleme bot. Der moderne Antisemitismus wurde zugleich zu einer Fundamentalkritik an den Prinzipien und Erscheinungsformen der modernen liberalen Gesellschaft. In den nach Emanzipation und sozialer Mobilität streben-

emancipation and social mobility, the exponents of a disapproved or misunderstood development of state and society. Especially for the disadvantaged and the critics of modernity, the Jews in Germany gradually became a negative symbolic figure.

This poisoned seed also germinated in the universities. Many alumni – also of Tübingen – who had been students in the early 20th century, had arrived at key positions in German society, politics, economy, science, and culture in the 1930s and 1940s. And way too many of them supported or tolerated the rise and consolidation of a criminal system; an indescribable grimace of misanthropy drawn in a coordinate system of regulations, instructions, implementations, administrative guidelines, and laws.

In the winter of 1942 Leopold Lucas and his wife were deported to the concentration camp of Theresienstadt. Leopold Lucas died there of pneumonia on the 12th of September 1943. His wife was killed in Auschwitz in 1944. Two fates out of six million.

den deutschen Juden sah er die Exponenten einer von ihm missbilligten bzw. nicht verstandenen Entwicklung von Staat und Gesellschaft. Gerade für die Benachteiligten und Kritiker der Moderne wurden die Juden in Deutschland sukzessive zu einer negativen Symbolfigur.

Auch an den Universitäten ging diese vergiftete Saat auf. Nicht wenige, die zu Beginn des 20. Jahrhunderts – auch hier in Tübingen – studiert hatten, waren in den dreißiger und vierziger Jahren angekommen an den Schlüsselpositionen innerhalb der deutschen Gesellschaft, in Politik und Wirtschaft, in Wissenschaft und Kultur. Und viel zu viele davon unterstützten oder tolerierten die Entstehung und Verfestigung eines verbrecherischen Systems, einer unbeschreiblichen Fratze des Menschenhasses, eingezeichnet in ein Koordinatensystem von Vorschriften, Anweisungen, Ausführungsbestimmungen, Verwaltungsrichtlinien und Gesetzen.

Im Winter 1942 wurden auch Leopold Lucas und seine Ehefrau in das Konzentrationslager Theresienstadt verschleppt. Leopold Lucas erlag dort am 12. September 1943 einer Lungenentzündung. Seine Frau wurde im Jahre 1944 in Auschwitz ermordet. Zwei Schicksale von sechs Millionen.

People like Leopold Lucas have made clear in the most impressive of ways that Judaism, especially in Germany, is one of the fundamental actors in the emergence and expression of their own civilisation and culture; a civilisation and culture abandoned by the Nazis. Without an understanding of Judaism, the complete picture of German history cannot be understood. Without the consciousness of its historically grown responsibility, science risks to become a misanthropic technocracy. Thus, Leopold Lucas concludes his Berlin speech with the words: »In Judaism, there still lives the old belief that the neglect of science is the most fundamental reason for internal and external unrest.«[10] And so it is fitting that the German researcher Rabbi Dr. Leopold Lucas is still honoured today by means of an academic ceremony in which two outstanding prizewinners are awarded for their contributions to a science that is equally committed to enlightenment and humanity.

The Dr. Leopold Lucas Prize for Young Researchers has been awarded since 1985. The prize cannot be divided and is awarded alternating between Protestant Theology, Catholic Theology, Philosophy, and History. This year the prize goes to Dahan Fan, whose doctoral thesis in Philosophy has been marked *summa cum laude*, the highest possible accreditation.

Menschen wie Leopold Lucas machen in eindrücklicher Weise deutlich, dass das Judentum gerade in Deutschland zu den grundlegenden Faktoren bei der Entstehung und Ausprägung der eigenen – von den Nationalsozialisten aufgegebenen – Zivilisation und Kultur gehört. Ohne das Verständnis des Judentums bleibt das Verständnis nicht nur der gesamten deutschen Geschichte unvollkommen. Ohne das Bewusstsein ihrer geschichtlich gewachsenen Verantwortung droht Wissenschaft in menschenfeindliche Technokratie zu münden. So resümiert Leopold Lucas am Ende seiner Berliner Rede: »Im Judentum lebt noch immer die alte Überzeugung, dass eine Vernachlässigung der Wissenschaft der tiefste Grund innerer und äusserer Friedlosigkeit ist.«[10] Und so gebührt es sich, dass der deutsche Wissenschaftler Rabbiner Dr. Leopold Lucas auch am heutigen Tag durch eine akademische Feier geehrt wird, in deren Verlauf zwei herausragende Preisträger für ihre Verdienste um eine Wissenschaft ausgezeichnet werden, die sich ebenso der Aufklärung wie der Menschlichkeit verpflichtet weiß.

Seit 1985 vergeben wird der Dr. Leopold Lucas-Nachwuchswissenschaftlerpreis. Der Preis ist nicht teilbar und wechselt in einem festen Turnus zwischen der evangelischen Theologie, der katholischen Theologie sowie der Philosophie und Geschichtswissenschaft. In diesem Jahr ist die von Herrn Dahan Fan als Dissertationsschrift eingereichte, von Prof. Dr.

Supervised by Prof. Dr. Otfried Höffe, Mr. Fan studied »Die Problematik der Interesselosigkeit in Kants Kritik der ästhetischen Urteilskraft« (»The Problem of Lack of Interest in Kant's Critique of Aesthetic Judgment«).

Mr. Dahan Fan was born in 1979, in the Chinese province Hebei. He studied philosophy, economics, and German at Beijing. Subsequently, he moved to Tübingen to continue his studies and to obtain his doctoral degree. In his dissertation – which he wrote in German – Mr. Fan deals with a question relevant both to the study of Kant and the study of aesthetics, namely the problem of lack of interest with respect to the beautiful and the sublime. In his *magnum opus, Critique of Judgment*, which appeared in 1790, Immanuel Kant questioned among others the difference between the »good« and the »beautiful«. Kant demonstrates how the good is always connected to an objective judgment, something ethical, whilst the beautiful is subject to taste: a subjective judgment which nonetheless thinks others ought to agree with it. Before I am able to judge if something is good, it is necessary that I categorise it. A mere description of its visible qualities, such as »silver coloured, about 20 cm long, 20 kg weight«, does not yet qualify an object as »good«. Only when I place it in an object category, here »wrist watches«, I could say something about whether it is good or not. A wrist watch

Otfried Höffe betreute und mit der höchsten Note »*summa cum laude*« bewertete philosophische Untersuchung »Die Problematik der Interesselosigkeit in Kants Kritik der ästhetischen Urteilskraft« auszuzeichnen.

Herr Dahan Fan wurde 1979 in der chinesischen Provinz Hebei geboren. In Peking studierte er Philosophie, Ökonomie und Germanistik. Anschließend kam er nach Tübingen, um seine Studien fortzusetzen und seine Promotion abzuschließen. Seine in deutscher Sprache verfasste Dissertation beschäftigt sich mit der sowohl für die Kantforschung wie für die Ästhetikforschung wichtigen Frage nach der Interesselosigkeit im Bereich des Schönen und Erhabenen. In seinem 1790 erschienenen Hauptwerk »Die Kritik der Urteilskraft«[11] fragte Immanuel Kant nach der Differenz zwischen dem »Guten« und dem »Schönen«. Dabei zeigt sich, dass das Gute stets mit einem Interesse verbunden ist, während das Schöne einem interesselosen Geschmacksurteil unterliegt. Bevor ich einem Gegenstand das Attribut »gut« zuweise, muss ich ihn zwingend einer Gegenstandsklasse zuordnen. So ermöglicht seine bloße Beschreibung, etwa »silberfarben, etwa 20 cm lang, 20 kg schwer«, noch keine Einschätzung seiner Güte. Erst wenn ich ihn einer Gegenstandsklasse zuweise, in diesem Fall: »Armbanduhr«, ist eine Aussage über seine Güte möglich. Eine Armbanduhr mit einem Gewicht von

weighing twenty kilograms would not be good, indeed it would be rather bad. It would be something quite different if it were to relate to a large, unidentifiable object that I see upon entering a room: a piece of furniture, or a sculpture. Yet, I *can* judge if the object is beautiful without having to categorise it.

Mr. Fan, you have succeeded, with your thorough and philosophically prudent interpretation of Immanuel Kant's work, to distinguish yourself far beyond any approaches up to date, whilst simultaneously unfolding the topic with renewed clarity. It is my pleasure to award you with this year's Dr. Leopold Lucas Prize for Young Researchers, and I wish to extend my sincere congratulations on your achievement.

This year's Dr. Leopold Lucas Prize will be awarded to Mr. President (*ret.*) Dr. h.c. Joachim Gauck. He was born in Rostock on the 24th of January 1940; after completing his secondary school he studied Protestant Theology at the University of Rostock. From 1965 until 1990 he was working for the Lutheran regional church of Mecklenburg, many years of which he served as a minister. In 1989 he was one of the founders of the New Forum and became spokesperson for Rostock. As a co-founder of the churches' and public opposition against the GDR dictatorship he presided in the weekly »Prayers for Peace«, which were the cradle of the protest marches.

20 kg wäre nicht gut, sondern sehr schlecht. Ganz anders verhält es sich, wenn ich ein Zimmer betrete, in dessen Mitte sich ein großer undefinierbarer Gegenstand befindet, der entweder ein Möbelstück oder eine Skulptur ist. Ich kann diesen Gegenstand durchaus als schön empfinden, ohne ihn irgendeiner Gegenstandsklasse eindeutig zuzuordnen.

Durch eine überaus gründliche und philosophisch umsichtige Interpretation des Werkes Immanuel Kants ist es Ihnen, Herr Dahan Fan, gelungen, sowohl die bisherigen Forschungsansätze weit hinter sich zu lassen, als auch das Thema mit einer neuen Klarheit zu entfalten. Ich darf ihnen nun für Ihre Arbeit den diesjährigen Dr. Leopold Lucas-Nachwuchswissenschaftlerpreis überreichen und Ihnen dazu herzlich gratulieren.

Der diesjährige Dr. Leopold Lucas-Preis geht an Herrn Bundespräsidenten a.D. Dr. h.c. Joachim Gauck. Am 24. Januar 1940 in Rostock geboren, studierte er nach dem Abitur an der dortigen Universität Evangelische Theologie. Von 1965 bis 1990 stand er im Dienst der Evangelisch-Lutherischen Landeskirche Mecklenburgs und arbeitete viele Jahre als Pastor. Im Jahre 1989 gehörte er zu den Mitbegründern des Neuen Forums und wurde in Rostock dessen Sprecher. Als Mitinitiator des kirchlichen und öffentlichen Widerstands gegen die SED-Diktatur leitete er die wöchentlichen »Friedensgebete«, aus denen die Protestdemonstrationen hervorgingen.

In March 1990 Joachim Gauck entered as deputy the first democratically elected parliament. He was elected as chair of the parliamentary special committee to control the annulment of the Ministry of State Security. In October 1990 and upon recommendation by the federal government, President Richard von Weizsäcker appointed Joachim Gauck as the special representative of the federal government on personal documents of the former State Security Service.

From 2001 until 2004 Joachim Gauck served as German member of the Board of the European Monitoring Centre on Racism and Xenophobia, based in Vienna. In 2003 he was appointed federal chair of the society and registered association »Against Forgetting – In Favour of Democracy«. On the 18th of March 2012 he was elected by the Federal Assembly as the eleventh President of Germany. He has been honoured for his work with numerous tributes and prizes, such as the Theodor-Heuss-Medaille (»Theodor-Heuss Medal«), the Geschwister-Scholl-Preis (»Siblings-Scholl Prize«), the European Human Rights Prize, and the Ludwig-Börne Prize. He has been awarded honorary doctorates by the universities of Rostock, Jena, Augsburg, the National University of Ireland, Galway, the Hebrew University

Im März 1990 zog Joachim Gauck als Abgeordneter in die nun zum ersten Mal frei gewählte Volkskammer ein und wurde zum Vorsitzenden des Parlamentarischen Sonderausschusses zur Kontrolle der Auflösung des Ministeriums für Staatssicherheit gewählt. Im Oktober 1990 berief ihn Bundespräsident Richard von Weizsäcker auf Vorschlag der Bundesregierung zum Sonderbeauftragten der Bundesregierung für die personenbezogenen Unterlagen des ehemaligen Staatssicherheitsdienstes. Von 1991 bis 2000 arbeitete er als Bundesbeauftragter für die Unterlagen des Staatssicherheitsdienstes der ehemaligen DDR.

Von 2001 bis 2004 war Joachim Gauck deutsches Mitglied des Verwaltungsrates der Europäischen Stelle zur Beobachtung von Rassismus und Fremdenfeindlichkeit in Wien; 2003 wurde er Bundesvorsitzender der Vereinigung »Gegen Vergessen – Für Demokratie e.V.« Am 18. März 2012 wählte die Bundesversammlung ihn zum elften Präsidenten der Bundesrepublik Deutschland. Für sein Wirken wurde er bereits mit zahlreichen Ehrungen und Preisen ausgezeichnet, darunter die Theodor-Heuss-Medaille, der Geschwister-Scholl-Preis, der Europäische Menschenrechtspreis und der Ludwig-Börne-Preis. Er ist Ehrendoktor der Universitäten Rostock, Jena, Augsburg, der National University of Ireland/Galway, der Hebrew University of Jerusalem, der Université Paris-Sorbonne sowie der Maastricht University.

of Jerusalem, the University of Paris-Sorbonne, and Maastricht University.

Dear Mr. Gauck, in your speech given at the annual meeting of the German Research Foundation on the fourth of July 2012 in Dortmund, you managed to succinctly formulate how one could describe the position of science in contemporary society: »Our free and democratic society lives – exactly like science – of the exercise of searching, of the ability to self-correct, of courage to question, and also of the diversity of answers – all manifested in the public sphere.« A bit further you mentioned the urgent necessity to speak out, that science should not be secluded in its ivory tower, yet that in all liberty it enjoys it also has a responsibility towards society: »Naturally, every discipline needs its own jargon. It also needs a safe space, where experts can discuss privately among one another, in their own jargon. At the same time all of us, including science, need researchers who feel committed and responsible to communicate beyond their disciplinary boundaries, to translate their finds to the general public, and to implement their results into society. Researchers who actively participate in society operate to the benefit of science and expand its knowledge.« This is not too far off from Leopold Lucas' maxim of the »receptivity« of all scientific results.

Ansprache bei der Verleihung

Lieber Herr Gauck, in Ihrer Festrede anlässlich der Jahresversammlung der Deutschen Forschungsgemeinschaft am 4. Juli 2012 in Dortmund haben Sie in prägnanter Weise formuliert, wie die Position der Wissenschaft innerhalb unserer heutigen Gesellschaft beschrieben werden kann: »Unsere freiheitlich demokratische Gesellschaft lebt – genau wie die Wissenschaft – von den Suchbewegungen im Offenen und von der Fähigkeit zur Selbstkorrektur, vom Mut zur Frage, allerdings auch von der Vielstimmigkeit der Antworten.« Im weiteren Verlauf Ihrer Rede kommen Sie auf die zwingende Notwendigkeit zu sprechen, dass Wissenschaft nicht im obersten Stockwerk eines Elfenbeinturms verharren darf, sondern bei aller Freiheit stets auch eine gesellschaftliche Verantwortung hat: »Selbstverständlich braucht jede Disziplin ihre eigene Sprache. Sie braucht auch ihren geschützten Raum, in dem Experten ungestört miteinander reden können in ihren Fachsprachen. Aber wir alle und auch die Wissenschaft braucht eben auch Forscherinnen und Forscher, die sich verantwortlich fühlen, über ihren Raum hinaus zu kommunizieren, ihre Ergebnisse zu übersetzen und in unsere Gesellschaft hineinzubringen. Forscherinnen und Forscher, die unsere Gesellschaft teilhaben lassen an dem Erkenntnisgewinn der Wissenschaft.« Das ist nicht weit weg von Leopold Lucas' berechtigter Forde-

Dear Mr. Gauck, the Faculty of Protestant Theology honours with the award your unwavering commitment to freedom and tolerance as well as your solid and source-oriented scientific work. Even in times of growing political populism you always take stance against a distortion of historical facts for political reasons. Before you honour us with your speech, we ask you to please accept this year's Dr. Leopold Lucas Prize.

rung nach »Rezipierbarkeit« aller wissenschaftlichen Ergebnisse.

Lieber Herr Gauck, die Evangelische Fakultät würdigt mit der Auszeichnung Ihr unbeirrtes Engagement für Freiheit und Toleranz wie auch für solide und quellenorientierte wissenschaftliche Arbeit. Auch in Zeiten eines wachsenden politischen Populismus treten Sie stets gegen eine Verzeichnung geschichtlicher Wirklichkeit aus politischen Gründen ein. Bevor Sie uns nun mit Ihrem Festvortrag beehren, darf ich Sie bitten, den diesjährigen Dr. Leopold Lucas-Preis in Empfang zu nehmen.

Notes

1 L. Lucas, Die Wissenschaft des Judentums und die Wege zu ihrer Förderung (SGFWJ), Berlin 1906, 4.
2 L. Lucas, Wissenschaft, 11.
3 L. Lucas, Wissenschaft, 6.
4 L. Lucas, Wissenschaft, 6.
5 L. Lucas, Wissenschaft, 6 f.
6 L. Lucas, Wissenschaft, 7.
7 F.M. Schiele, Art. Volksbücher, religionsgeschichtliche, in: RGG¹ 5 (1913), 1721–1725 (here: 1722).
8 L. Lucas, Wissenschaft, 14.
9 L. Lucas, Wissenschaft, 9.
10 L. Lucas, Wissenschaft, 15.

Anmerkungen

1 L. Lucas, Die Wissenschaft des Judentums und die Wege zu ihrer Förderung (SGFWJ), Berlin 1906, 4.
2 L. Lucas, Wissenschaft, 11.
3 L. Lucas, Wissenschaft, 6.
4 L. Lucas, Wissenschaft, 6.
5 L. Lucas, Wissenschaft, 6 f.
6 L. Lucas, Wissenschaft, 7.
7 F.M. Schiele, Art. Volksbücher, religionsgeschichtliche, in: RGG¹ 5 (1913), 1721–1725 (hier: 1722).
8 L. Lucas, Wissenschaft, 14.
9 L. Lucas, Wissenschaft, 9.
10 L. Lucas, Wissenschaft, 15.
11 Vgl. E. Döring, Immanuel Kant. Eine Einführung, Wiesbaden 2004, 161–178.

Die bisherigen Preisträger

- 1974 Schalom Ben-Chorin
- 1975 Andreas Nissen
- 1976 Elias Bickermann
- 1977 Shmuel Sambursky
- 1978 Kurt Scharf
- 1979 Eberhard Bethge
- 1980 Dumitru Stăniloae
- 1981 Karl Popper
- 1982 Karl Rahner
- 1983 Léopold Sédor Senghor
- 1984 Hans Jonas und Fritz Stern
- 1985 Mohamed Talbi
- 1986 Christoph Albrecht und Ernst Gottfried Lowenthal
- 1987 Tullio Vinay
- 1988 Tenzin Gyatso, 14. Dalai Lama
- 1989 Paul Ricœur
- 1990 Bruno Bettelheim
- 1991 Henry Chadwick
- 1992 Annemarie Schimmel
- 1993 André Chouraqui
- 1994 Christian Graf von Krockow
- 1995 Sergej Averintsev
- 1996 Pnina Navè-Levinson und Nathan Peter Levinson
- 1997 Henryk Muszyński
- 1998 Michael Walzer
- 1999 Steven Theodore Katz

2000 Richard von Weizsäcker
2001 Michael Theunissen
2002 Moshe Zimmermann
2003 Martin Gilbert
2004 Sadik J. Al-Azm
2005 Yosef Hayim Yerushalmi
2006 René Girard
2007 Eduard Lohse
2008 Dieter Henrich
2009 Karen Armstrong
2010 Peter L. Berger
2011 Avishai Margalit
2012 Seyla Benhabib
2013 Giorgio Agamben
2014 Peter Schäfer
2015 Angelika Neuwirth
2016 Adam Zagajewski
2017 Joachim Gauck